POESIA ORIGINAL

PIDGIN

Pidgin

GABRIELA CORDARO

Poemas

1ª edição, São Paulo, 2023
LARANJA ● ORIGINAL

pidgin. Fala resultante do contato entre línguas, usada como língua de comunicação ou contato, não sendo idioma materno de nenhum falante.

Aos que me são pele,
Julieta *(in memoriam)*,
Martim e Lina

Escrever é dar nome ao silêncio,
mesmo quando ninguém quer ouvir.

Carola Saavedra

Escrever não é um protesto de inocência?
Dobra a tua língua, articula.
Dobra a tua língua, articula.

Maria Gabriela Llansol

Apresentação

Pidgin e a linguagem da ternura

Pidgin, livro de estreia da psicanalista, atriz e agora escritora Gabriela Cordaro, é uma "coleção de gente". Embora se trate de uma coletânea pequena – em extensão –, os poemas, as prosas poéticas, os microcontos e os aforismos do livro são tecidos de múltiplas camadas de memória da poeta que, "ainda menina", gostava de "inventar pessoas". E essas camadas, vale dizer, compõem uma textura raramente encontrada em uma estreia.

Geralmente, bons livros de estreia se destacam pela fome de amor, às vezes um tanto ingênua, que anunciam e reivindicam. O texto de Gabriela, por sua vez, apresenta, sim, elementos do universo infantil – destaco a criatividade e a angústia –, mas o faz pelo olhar e pela voz de quem se volta ao vivido em *après-coup*, poderíamos dizer em companhia de Freud, isto é, na temporalidade do só-depois, aquela em que a experiência é ressignificada *a posteriori*. É o que lemos no engenhoso poema:

embaixo das ondas do mar:
ruínas de castelos de areia
de todos os tempos
todos os dias
a água banhando
uma brincadeira de criança

Assim, a poesia de *Pidgin*, fruto do sonhar e do pensar, adquire tridimensionalidade e atinge o ponto para ser degustada, como um queijo curado, um café bem tirado, um vinho de safra especial. A voz do texto tem gosto: "bom dia, te acordo com o gosto de ontem".

A linguagem do livro prioriza as sinestesias, e é justamente a comunicação de sentidos que confere carne à obra: intertextualidade, psicanálise, metalinguagem, corpo, família, maternidade... Muitas são as línguas do livro! E, com efeito, as relações entre o diverso, aliadas à habilidade de síntese da autora, perfazem uma unidade do múltiplo: "pergunta ao açougueiro – você tem coração?".

Nessa medida, o título – original, inusitado – parece servir à justa medida. A fala que resulta do contato entre o diferente: pidgin. Palavra que nasce dos encontros e desencontros de corpos e que, na poesia de Gabriela Cordaro, dialoga com o que Sándor Ferenczi, psicanalista húngaro contemporâneo de Freud, chamou de linguagem da ternura.

Ocorre que, segundo o psicanalista, se os adultos ignoram as especificidades da ternura infantil, a confusão de línguas se impõe. Nessa conjuntura, a criança não é acolhida e as possibilidades para o diálogo em uma relação intersubjetiva não se instalam. É o oposto do que se passa em *Pidgin*: antídoto-afeto para a confusão de línguas, posto que "alma, como criança/ por vezes precisa de limite".

Renato Tardivo
Escritor e psicanalista

....

gosto de inventar pessoas
ainda menina,
na pequeníssima lavanderia
da primeira casa onde morei,
escondida entre máquina de
lavar roupa e produtos de limpeza,
fechava os olhos
para pegar desprevenida
toda essa multidão
que existe aqui dentro
desde criança,
coleciono gente

. . . .

eu era criança
e o filho da vizinha estudava comigo,
às quartas-feiras voltava para casa com ele
meu destino final era o sétimo andar
e o dele o quarto andar
a família da vizinha frequentava
o mahikari e vez ou outra,
às quartas-feiras, acontecia de eu
parar na cerimônia com a vizinha,
o marido da vizinha e
os dois filhos da vizinha
eu que era filha de comunista
tirava os sapatos
e via aquele mar vibrante de
gente unida por "deus",
que obviamente não existia,
era tudo muito excitante
a vizinha e o marido da vizinha
nos davam bombons serenata do amor
para aplacar nosso tédio
mas nada me impressionava mais
do que a caneta esferográfica
da vizinha com borracha na ponta
que podia apagar qualquer escrito,
até zona azul, e assim
a vizinha usava sempre uma
única folha e seu talão
era a verdadeira divindade
um ser eterno que não se esvaía

a mesma folha
todas as quartas-feiras
do ano letivo de 1990

....

imensas caravelas-portuguesas
na minha praia de infância
colônia composta
por muitos animais,
um pólipo,
não nadam
ficam na superfície da água
uma bolha,
cheia de ar,
que faz flutuar
transatlântico da natureza
tentáculos ao sabor do vento
e da corrente
se toca o que é humano,
queima
tira até a respiração
um ser cor unicórnio
o mar é o espelho do céu,
reflete sonhos
dessa humanidade
que se queimou

respiro

o modo como lá se despelam os tomates
e como se desenha neles com faca afiada
um corte em formato de x na base do fruto
o modo como se mergulha o fruto em água fervente
e como se puxa delicadamente pele a pele
o modo como lá se depura o molho em panela aberta
o modo delas
Cordaro, Pugliesi, Crucio, Seccheto, Bellinello
antepassadas que me habitam nesse gesto
al modo mio
coreografia afetiva repetida à exaustão do bem querer

....

embaixo das ondas do mar:
ruínas de castelos de areia
de todos os tempos
todos os dias
a água banhando
uma brincadeira de criança

esquerdomachos

era a única garota com seu pai, no meio de tantos pais que levavam seus filhos-homens pelas mãos. na grande fazenda, havia um local onde se treinava tiro. e os pais-comunistas, guerrilheiros de outrora, sabiam que uma criança também deveria preparar-se para a revolução. "assim como os filhos de *Lamarca!*". foi naquele dia que percebeu, ainda menina de oito anos, algo muito além dos ideais revolucionários. a menina que tinha estilingue e camisa do flamengo, notou de repente que a gola decotada de sua blusa azul royal deixava seu ombro esquerdo pelado, completamente à mostra. o toque do algodão azul em sua pele cor moreno-férias fez com que ela percebesse o óbvio: lhe interessava muito mais prestar atenção na sensação de seu ombro descoberto do que na aula de tiro. exibia, orgulhosa, seu ombro esquerdo-pontaria.

pedagogia divina ou o temperamento das flores

e quando se esquece delas, as orquídeas aparecem

um sonho

governava a si mesma, exímia caçadora
costumava combater montada a cavalo,
mas não era raro comparecer
a pé nos campos de batalha
vestia peles de animais ferozes,
que, lhes caindo até o joelho,
estavam presas ao ombro esquerdo,
deixando nua a parte direita de seu corpo
usava escudos em formato de meia lua
e para melhor manejar o arco e a flecha,
bem como a lança e o machado,
armas em que era destra,
cortava um dos seios,
o esquerdo no caso

ar

> *"Los poemas tristes*
> *son un secreto homenaje a la alegría."*
> Natalia Litvinova

o quarto ensolarado ainda existe
mas não existo dentro dele
meu corpo se descolou daquela cama
no dia de ir embora
minha alma ainda queria ficar
no edredom branco quentinho
eu a comprimi entre os dedos
e não a deixei escapar
a levei comigo e
te deixei junto ao quarto
ali sozinho
minha alma ainda pede a sua
mas alma, como criança
por vezes precisa de limite

. . . .

que tudo pode ser potencialmente bom ou ruim
me disse Shimada, o que dilata um único instante,
"meditação é quando você corta a cebola, mas não se corta"
desde então, me entrego inteiramente aos cortes
aos que faço às cebolas, aos tomates, às cenouras
e aos que sofro, os vermelhos e os aparentemente transparentes,
faca afiada, meticulosa, despedaço cebolas,
me perco nelas, metáforas batidas do inconsciente,
suas camadas, a epiderme toda, a minha, a dessa raiz
e o professor que insiste em supervisionar meus cortes,
embora não esteja mais vivo

....

para Martim

no carro,
no caminho
entre
a escola e
nossa casa,
meu filho
me pergunta
o significado
das palavras:

literal
comitê
lazer
genuíno

os sentidos
todos
alertas

um haikai para Martim

ipê
sempre um susto
no pantanal é *paratudo*

ondulações

para Lina

os meus e os seus dentes
cerrados de raiva
menina tem raiva, sim
solta bombas e rojões
solte todas as suas
não deixe que te peçam
que te queiram boazinha
use todas as serrinhas dos seus dentes
suas flores de lis, mamelões
se não se usa, range-se os dentes
vão embora as ondulações
fica tudo liso, despossuído
é preciso muita raiva
para aguentar um endométrio
que infla e se esvai
o encontro com o real todo mês
grita, deságua, desabrocha,
para poder, só assim
soprar um dente-de-leão

tema para um pequeno conto

de olhos abertos vejo detalhes que ignoro
quando visto minhas asas brancas,
a sereia se mostra inteira e mata o homem
por puro tédio, por pura falta do que fazer
(tema para um pequeno canto)
por desejar tão grande e vermelho
ignoro ausências, pequenos desprazeres
o encanto é meu, vem de mim, não de ti
brinco de usufruir e jamais usar-te
invento uma realidade,
distorço o que é terra dentro de mim
finda o ciclo, meus pés, assim,
distanciam-se demais do chão

netuno

tinta ocre
pego um pedaço,
um teco
que realmente me caiba
fico tonta com o que não me pertence
uma história que escolhi para mim
desde os tempos em que se pintava nas cavernas
e o bicho morria mais fácil para a gente comer

o umbigo do sonho

> *"– Quem se aprofunda num ovo,
> quem vê mais do que a superfície do ovo,
> está querendo outra coisa: está com fome."*
> Clarice Lispector

o umbigo do sonho
uma dobra
o resto

engolir um pássaro

estender cada milésimo de segundo
prestando atenção aos rastros da minha presa
passarinho dentro da boca
tentativa desesperada de bater asas
dentro do pescoço do predador
coração em disritmia

ratos

na mesma hora
estamos andando
debaixo da cidade
eu na linha verde
você na linha azul

deus

deus, permita ao meu homem chorar, assim como ele sorri

insieme

você em si
você em mim
insieme
juntos só acontece na Itália

sinestesia

bom dia, te acordo com o gosto de ontem

....

ele leu a minha mão
na minha praia da infância
previsão:
aos 40
ruptura
transformação
acordei com essa lembrança

(*ya hace mucho tiempo*)
o tempo era outro

hoje,
hora do almoço,
distraída,
peguei a faca ao contrário e,
sem querer,
cortei o centro da minha mão

(dor ardida)
olhei o corte perfeito:
extensão de uma das linhas da minha mão direita
a mão que escrevo
eu que escrevo

jade

o inconsciente é uma pedra vermelha

gaudí

a próxima palavra é uma curva

recuerdo

achei minha alma
perdida em Granada
vagando por dias e noites
ansiava pelo reencontro
com esse meu corpo de agora
como criança que foge com o circo
abandonarei tudo
para dançar pelas ruas de Albaicín

corpo documento

naquela viagem,
em Londres,
dias antes de te beijar,
sonhei que te mostrava
todas as minhas cicatrizes
e te contava,
uma a uma,
as histórias delas,
minha forma de me apresentar
para você,
então,
meu novo amor

muito tempo passou e
descobri que
cicatrizes e suas histórias
eram para Pina Bausch
dispositivos de criação

anos depois,
diante de um novo amor,
atravessada pela sobreposição
de uma cicatriz que
costurou a minha história à sua,
meu antigo amor,
olhei para a marca dos meus partos
e pensei, insegura com meu corpo nu,
também sou uma cicatriz de cesárea,
não sou só uma cicatriz de cesárea

pergunta ao açougueiro

– você tem coração?

....

no metrô
me olhava como ninguém
nunca fizera antes
olhava e sorria
tinha a boca constantemente aberta
num dia de sol escaldante
ela vestia uma saia pesada de lã
que contrastava com seu sorriso de gato de Alice
tinha o semblante dos inocentes
menos a saia e o modo fixo
com que não parava de me fitar
segurava uma garrafa de refrigerante e
um saco de frutas que não lhe importavam
objetos completamente alheios à sua vontade
foram colocados ali e ali estavam
e me olhava cada vez mais fundo

leitmotiv

fones de ouvido
um modo de amar o mundo
a música que contorna
e busca sentido aos quadros
que se formam diante da retina

....

tenho falado muito de ti
acontece isso de você retornar aos meus sonhos
ao meu modo de me apresentar ao mundo
às minhas lembranças formativas
me pergunto se ocorre de que eu escape em ti
em gestos e pequenas narrativas
te imagino contando das viagens que fizemos juntos
já não te sei mais, embora te saiba tanto
as notícias chegam
você ficou órfão e eu me tornei mãe
talvez você seja um lugar,
um modo de contar o tempo,
uma coleção de histórias originárias
de quando me tornei adulta
noutro dia tocou no rádio aquela canção
em que no canto eles estarão sempre juntos
algumas palavras me ligam a ti
e uma revoada de andorinhas
cruzando a ilha do minotauro,
ali permanecemos

....

"Não vai mais ter abismo"
os abismos,
os buracos fundos e escuros,
os vazios,
os restos,
o imperfeito,
o arredondado,
o curvo e
o pontiagudo
o vão
e as palavras que
precisam ser escritas,
às vezes ditas,
por vezes deglutidas à exaustão
para se seguir vivendo nos desvios

....

afinal não te escrevi nenhum poema
porque, juntos, fomos um,
um poema curto.

mãe solo

as crianças
finalmente dormem,
ligo o computador e
procuro palavras,
como quem
acende um cigarro,
fase oral

rugas

você me ligou anos depois
e me disse que eu havia
deixado muito sangue
em sua camiseta
fizemos um espécie de
rito cigano involuntário,
achei graça
todas as minhas primeiras vezes
à beira mar
o beijo, o sexo, o mar

....

[deixei de ser Perséfone caminhando nas trevas mais profundas
depois do nascimento inesperado dela,
já não posso passear por tormentas subterrâneas
já não posso ser a garota escafandrista dos elementos escondidos
sou Ártemis, mãe de duas crianças
uma bebê prematura me transformou em mulher]

....

que sumisse
que virasse pó
que fosse embora
para nunca mais
ele dizia quase sem voz
como um velho doente
cheio de pigarro no peito
dizia com os olhos fixos
num pedacinho de raio de sol
que entrava pela fresta
da persiana quebrada
rasgando a madrugada
não olhava para ela
mas tinha certeza
de cada gesto seu
por pura sensação
por sentir muito aquela pessoa
era com dor que a
mandava embora
ela tinha que ir
tinha que sumir de sua vista
para todo o para sempre
tinha que deixar
de respirar quente
toda noite
perto do peito dele
aconteceu de amar
e amar acontece
mesmo quando a gente
não sabe o que fazer com o amor

quinze minutos sozinha

nos filmes da *nouvelle vague* ninguém tinha filho, tinha?

....

para Izilda

diante do mar,
de mãos dadas com ela
carregávamos pulseiras de prata
jogá-las ao mar e agradecer
minha primeira
e mais remota lembrança
assim começo,
com minha mãe
e uma sereia

....

apagar cuidadosamente os incêndios que causei,
acalmar a pele com calêndula e camomila,
pular os becos sem saída,
preferir as vias de mão dupla,
dilatar os poros como sementes de dentes-de-leão
que se espalham por aí quando sopradas,
gozar o entendimento,
abusar do sol que bate exageradamente neste cômodo,
queimando minhas pernas no período da tarde,
esquecer dos feixes que marcam minhas retinas,
buracos nos olhos,
experiências vividas,
toda minha história contada por
uma mosca volante que não sai da minha mira,
uma mancha como testemunha

sal

um afeto de um segundo que cruza o oceano
sei que a paixão fala apenas sobre mim

que o amor, algum dia,
possa inventar a palavra nós

Tom Jobim

oito de dezembro de mil novecentos e noventa e quatro
uma adolescente com dor no peito e falta de ar
vai para o pronto atendimento
e volta com o seguinte diagnóstico:
"ela não tem nada. só emoção"

naufrágio

> *"O mais profundo é a pele."*
> Paul Valéry

a mãe grávida
o pai amando outra mulher
no corpo dela o abandono
no corpo dilacerado dela
o corpo de um bebê em formação

amor de transferência

"os três caminhavam pela montanha e não havia sol, certamente. dois homens e uma mulher", ele me disse. uma mulher é sempre uma mulher. ela, então, que mulher! falavam sobre o amor. "o amor é o encontro entres duas fragilidades que não se hostilizam, mas se protegem", assim ele me disse. lá na montanha, por volta de 1914, não foi assim que um deles disse, mas assim Arnaldo entendeu. e nada disso importa, nem os três que estavam na montanha. o que importa mesmo é o que Arnaldo me disse: o que entendi sobre o que Arnaldo me disse.

azul

para Lina que, ao contrário, lê-se anil

regulo suas mamadas
você anda muito brava comigo
você anda muito brava com o mundo
eu igualmente brava
penso em minha parceira mamífera
– uma baleia gigante –
faço um inventário de todos os seres
que habitam as águas
os que sei
os que desconheço
fecho os olhos enquanto te amamento
imaginando a imensidão
e o som desse lugar profundo
ali guardarei nossas madrugadas insones
no misterioso mundo subaquático
onde habita o maior ser do planeta:
uma gigante azulada que amamenta

Agradecimentos

Às amigas que amarram com nós minhas palavras, Carla Kinzo e Isabel Malzoni.

Aos leitores prévios, Fábio Manzione e Angelo Mundy.

À interlocutora de uma vida inteira, Juliana Cordaro.

À minha mãe, Izilda Bichara, que, entre a formiga e o céu, percebeu que eu inventava meu primeiro poema.

À Maria Helena Mandacaru Guerra, por ter sugerido que eu tomasse nota do que me ocorria.

A Arnaldo Dominguez de Oliveira, por tanto que não me é possível ainda nomear.

A Renato Tardivo, pela generosidade das trocas.

À Mariana Mello pela amizade, trocas literárias e auxílio jurídico.

A Laerte de Paula, por querer me ler em estado puro, antes que esse livro fosse publicado.

Aos que me possibilitam a poesia todos os dias, Martim e Lina.

Índice de títulos e primeiros versos

Apresentação 13

"gosto de inventar pessoas" 19
"eu era criança" 20
"imensas caravelas-portuguesas" 22
respiro 23
"embaixo das ondas do mar" 24
esquerdomachos 25
pedagogia divina ou o temperamento das flores 26
um sonho 27
ar 28
"que tudo pode ser potencialmente bom ou ruim" 29
"no carro" 30
um haikai para Martim 31
ondulações 32
tema para um pequeno conto 33
netuno 34
o umbigo do sonho 35
engolir um pássaro 36
ratos 37
deus 38

insieme	39
sinestesia	40
"ele leu a minha mão"	41
jade	42
gaudí	43
recuerdo	44
corpo documento	45
pergunta ao açougueiro	46
"no metrô"	47
leitmotiv	48
"tenho falado muito de ti"	49
"Não vai mais ter abismo"	50
"afinal não te escrevi nenhum poema"	51
mãe solo	52
rugas	53
"deixei de ser Perséfone caminhando nas trevas…"	54
"que sumisse"	55
quinze minutos sozinha	56
"diante do mar"	57
"apagar cuidadosamente os incêndios que causei"	58
sal	59
Tom Jobim	60
naufrágio	61
amor de transferência	62
azul	63

COLEÇÃO POESIA ORIGINAL

Quadripartida PATRÍCIA PINHEIRO
couraça DIRCEU VILLA
Casca fina Casca grossa LILIAN ESCOREL
Cartografia do abismo RONALDO CAGIANO
Tangente do cobre ALEXANDRE PILATI
Acontece no corpo DANIELA ATHUIL
Quadripartida (2ª ed.) PATRÍCIA PINHEIRO
na carcaça da cigarra TATIANA ESKENAZI
asfalto DIANA JUNKES
Na extrema curva JOSÉ EDUARDO MENDONÇA
ciência nova DIRCEU VILLA
eu falo ALICE QUEIROZ
Travessia por FADUL M.
Caminhos de argila MÁRCIO AHIMSA
apenas uma mulher ALICE QUEIROZ
Pidgin GABRIELA CORDARO

© 2023 Gabriela Cordaro.
Todos os direitos desta edição reservados à Laranja Original.

www.laranjaoriginal.com.br

Edição	Filipe Moreau
Projeto gráfico	Marcelo Girard
Produção executiva	Bruna Lima
Diagramação	IMG3
Fotografia da autora	Lila Batista
Imagem da capa	Nina Leen (*Ficam resguardados os direitos autorais de terceiro sobre obras protegidas, que eventualmente não tenham sido localizados, apesar de terem sido envidados os melhores esforços para tanto.*)

Dados Internacionais de Catalogação na Publicação (CIP)
(Câmara Brasileira do Livro, SP, Brasil)

Cordaro, Gabriela
    Pidgin / Gabriela Cordaro. – 1. ed. –
São Paulo : Editora Laranja Original, 2023. –
(Poesia original)

    ISBN 978-65-86042-78-8

    1. Poesia brasileira I. Título. II. Série.

23-168316   CDD-B869.1

Índices para catálogo sistemático:
1. Poesia : Literatura brasileira B869.1
Cibele Maria Dias - Bibliotecária - CRB-8/9427

Laranja Original Editora e Produtora Eireli
Rua Capote Valente, 1198
05409-003 São Paulo SP
Tel. 11 3062-3040
contato@laranjaoriginal.com.br

Papel Pólen Bold 90 g/m²/ *Impressão* Psi7/Book7/ *Tiragem* 200 exemplares